英語と日本語で読んでみよう

著・監修／
パトリック・ハーラン（パックン）

世界に勇気と希望をくれたメッセージ

②平和・人権に関して

エイブラハム・リンカーン

キング牧師

ネルソン・マンデラ

マハトマ・ガンディー

マザー・テレサ

アルベルト・アインシュタイン

編／稲葉茂勝

岩崎書店

はじめに

新型コロナウイルス感染症（COVID-19）の脅威に世界中の人びとが恐れおののいていた2020年春、イタリアのある高校の校長先生のメッセージが話題となりました。それは、外出が制限されるなかで休校が決まり、これからの生活にたいへんな不安をかかえている生徒に向けたものでした。おそろしいのは、ウイルスより人の心、過去の歴史がそれを教えている、本を読もうといった内容のメッセージは、インターネットに乗って、世界中の人たちに届けられました。

おりしもぼくたちは、このシリーズ「**世界に勇気と希望をくれたメッセージ**」の編集作業にありました。"I have a dream." というキング牧師の演説、"The war is won, but the peace is not." というアルベルト・アインシュタインの演説、"Do not despair." というチャールズ・チャップリンの演説、そのほか歴史に残る演説などを、平和、環境、文化といったジャンルごとに分類した本をつくっていたのです。

そのころでした。「白人警察官の暴行によって、黒人男性が死亡（2020年5月25日）。大規模な抗議デモに発展」というニュースが飛びこんできたのは。アメリカでは、人種差別が今も続いていることが世界中に知れわたりました。
　実は、前述のイタリアの校長先生は、感染症について、1827年に出版された『いいなづけ』という歴史小説の内容が「今の新聞を読んでいるよ

うだ」（→第1巻p5）と指摘したのですが、それと同じように、アメリカの人種差別についても、キング牧師の時代と現代とが同じであることをぼくたちは思いしらされたのです。

このシリーズの巻構成は次のとおりです。
① **コロナ禍のなかで**
② **平和・人権に関して**
③ **環境の問題**
④ **文化・スポーツ界で**

なお、このシリーズでは、英語のメッセージをパックンに日本語にしてもらい（そのほかの言語のものは一度英語にしてから）、日本語のものは、同じくパックンに英語に翻訳してもらって、その両方を味わってもらえるようにしました。さらに、それぞれのメッセージについてのパックンのコメントを掲載することにしました。
　さあ、ぼくたちがパックンといっしょに選んだ、勇気と希望がもらえるメッセージを読んで、さまざまなことを深く考えてください。

子どもジャーナリスト　稲葉茂勝

2020年の黒人差別反対の大抗議デモ
黒人男性が白人警官に殺される現場は、目撃者によって撮影されていた。うつしだされたのは、手錠をかけられ、首を押さえつけられて無抵抗の黒人男性が、「息ができない」と訴えながら6分後には動かなくなる一部始終だった。この動画がSNSに投稿されると、あっという間に拡散され、人種差別と警察官の暴行に対し抗議の声が噴出した。まもなく、大規模デモが発生。デモは、アメリカにとどまらず、世界各国にも広がった。マスコミにも取りあげられ、世界中で大きな話題となった。

FOREWORD

In the spring of 2020, as the threat of COVID-19 spread around the world, a message from a high school principal in Italy went viral. His school was closed, his students were home in quarantine, and his message was directed to them. It talked of how a person's heart could be scarier than the virus. History has taught us that. He encouraged his students to read, to learn, and his words struck a chord with people around the world.

Just when this was happening, Pakkun and our team were in the process of making this series "**Words of Courage and Hope that Moved the World**". We were focusing on important messages and speeches about peace, the environment, culture and more that had an impact on history: "I have a dream," by Martin Luther King Jr., "The war is won, but the peace is not," by Albert Einstein and "Do not despair," by Charles Chaplin, to name a few.

That was when the following news came in: "Unarmed black man killed by white police officer (May 25, 2020). Tens of thousands march in protests." The news spread around the world, raising awareness of the ongoing problem of racial discrimination in the United States.

The Italian principal mentioned prior had pointed out how the historical novel "The Betrothed" (published in the year 1827) sounded exactly like today's newspaper (volume 1, p5). And in the same way, we were reminded that racism in the United States is exactly the same as in the days of Martin Luther King Jr.

This series will address the following topics:

① **Life in the Age of COVID-19**
② **Peace and Human Rights**
③ **Environment**
④ **Culture and Sports**

We translated all material originally in English directly to Japanese, and vice versa. Material originally in other languages has been translated to English first and then Japanese. This process itself is very instructive, and Pakkun will relate what he has learned and his personal perspective after each piece.

Now, without further ado, let us explore the words that give us courage and hope. We hope this series will stimulate deep thought and productive dialogue.

Journalist for Children Shigekatsu Inaba
Translated by Patrick Harlan

2ページに記した、白人警察官による黒人殺害事件の背景についてもう少しくわしく見てみましょう。

Black Lives Matter は、「ブラック ライヴズ マター」と読むよ。どういう意味か、この本を読むとわかるよ。とても大事なことだからおぼえようね。

アメリカの黒人社会

アメリカの黒人の歴史は、おおよそ次のとおりです。

● 1600年ごろにアフリカから黒人が奴隷として連れてこられる。

● 1865年、奴隷制度が廃止されたが、その後も、白人と同等の権利はあたえられず、黒人は、教育、就職、住居など、社会のさまざまな場面で、差別されてきた。

● 1955年、黒人の女性がバスの座席を白人にゆずらなかったとして逮捕されたことがきっかけで、黒人の権利を訴える「公民権運動」(→p22)が拡大した。

● 1964年、人種差別を禁止する「公民権法」が成立。

● 2009年、バラク・オバマ氏がアメリカ初の黒人大統領となる。

ところが、いまだに「黒人だから」という理由で、暴行や殺害される事件は数知れません。今回の警察官による黒人殺害事件は氷山の一角だといわれています。

なお、今回のデモのスローガンにもなっている「Black Lives Matter (黒人の命も大切)」は、2012年に黒人の高校生が買い物帰りに不審者と見なされて自警団*に射殺された際(→p9)、抗議をあらわす言葉としてはじめてかかげられて以来、ずっと使用されてきています。

ジョージ・フロイドさんの事件

アメリカのミネソタ州で2020年5月25日、白人警察官に押さえつけられた黒人男性、ジョージ・フロイドさんが死亡するという事件が起きました。路上にたおし、首にひざをあてて押さえつけるという警察官の不適切な拘束方法を、その場にいた人が撮影。無抵抗なジョージさんが「息ができない」と訴えるも聞きいれてもらえず、やがて意識を失ったようすをうつした動画がSNSに投稿されました。この動画をきっかけに、アメリカ全土で黒人への人種差別と警察官の暴行に対する抗議デモが発生しました。

＊「自警団」とは、地域の住民が自分達の安全を守るために組織する警備団体。

抗議活動ではスローガンが書かれたプラカードなどがかかげられた。「#(ハッシュマーク)」をつけてSNSなどにあげると、インターネットを通して拡散することができる。

写真：AP/アフロ

6月1日、ミネソタ州の事件のあった現場で演説するテレンス・フロイドさん。

写真：ロイター／アフロ

テレンス・フロイドさんの街頭演説

　黒人への人種差別に反対する人たちの抗議デモがアメリカ全土へ広がるなかで、参加者の一部には怒りのあまり暴徒化し、周囲の建物や自動車を破壊したり略奪行為をはたらいたりする人もいました。

　そんななか、2020年6月1日、ジョージ・フロイドさんの弟のテレンス・フロイドさんが、街頭でマイクをとりました。

❶きみたちの怒りはわかる。でも、ぼくの半分もおこってはいないだろう？　だから、そのぼくがあばれたり、物をこわしたり、コミュニティーをめちゃくちゃにしたりしていないのに、きみたちは何をしているのか？　きみたちは何もしていない！　そんなことで兄を生きかえらせることはできない。

❷別の方法をとろう！　自分たちの声には意味がないと思うのはやめて、投票しよう。（中略）みんなのために投票しよう。自分で自分を教育しよう。自ら勉強してだれに投票すべきか決めよう。

❸左手に平和を？（右手に正義を）そう、それだ。ぼくはそれが見たいんだ。フロイド家を代表して、感謝を伝える。愛をありがとう。花をありがとう。追悼をありがとう。ありがとう。さて、もう一度聞かせてくれ。彼の名前は？（ジョージ・フロイド！）ジョージ！（フロイド！）ありがとう。

　この訴えを聞いていた人たちは、口ぐちに（　　）の言葉と名前をさけびました。このテレンス・フロイドさんの演説は、瞬時にSNSやメディアによって広まり、世界中の数え切れないほど多くの人に感動をあたえたのです。

テレンス・フロイドさんのメッセージ（英語）は世界中に広がり、それぞれの言葉に訳され、インターネットでどんどん拡散していきました。5ページに記した❶〜❸の部分を英語で見てみましょう。

この本には、英語で書いてあるこの黄色いページがはさみこまれているよ。みんなには、むずかしいね。でも、大人の人といっしょに読んでくれるとうれしいな。

❶ I understand y'all are upset. But I doubt y'all are half as upset as I am. So, if I'm not over here wilding out, if I'm not over here blowing up stuff, if I'm not over here messing up my community, then what are y'all doing? Y'all doing nothing! Because that's not going to bring my brother back at all.

❷ Let's do this another way. Let's do this another way! Let's stop thinking that our voice don't matter and vote. (…) Vote for everybody. Educate yourself. Educate yourself and know who you're voting for.

❸ Peace on the left? (Justice on the right!) Right. That's what I want to see. On behalf of the Floyd family, thank you. Thank you for the love. Thank you for the flowers. Thank you for the memorials. Thank you. Now I just want to hear this again. What's his name? (George Floyd!) George! (Floyd!) I thank you.

（「Global News」の2020年6月2日のネット動画より）

これだけは暗記しよう！

※p21、p33、p39、p45にも パックンの1フレーズレッスン がのっています。

パックンの1フレーズレッスン

サンキュー フォ ザ ラヴ サンキュー フォ ザ フラウアズ
Thank you for the love. **Thank you for the flowers.**
サンキュー フォ ザ メモーリアルズ サンキュー
Thank you for the memorials. **Thank you.**
愛をありがとう。 花をありがとう。 追悼をありがとう。 ありがとう。

これはテレンス・フロイドさんのメッセージの最後のところだよ。まず、thank you for 〜 だけは暗記しようね。thank you だけでもつかうけれど、何に感謝しているかをいうには、for 〜 のところに言葉を入れるんだよ。thank you for your kindness.（ご親切ありがとう）などもよくつかうよ。みんなもさっそくつかってみよう！

パックンの一言

長年続く人種差別の廃止をあらためて訴える名演説

ぼくは、フロイド兄弟の一連のニュースを見ていて、ぜひ紹介したい文があるんだ。アル・シャープトンという牧師さんが、2020年6月4日にジョージ・フロイドさんの追悼式で述べた弔辞だよ。英語と日本語の両方で見てみよう。

英語

We flew out of here, her and I last Thursday, and when I stood at that spot, reason it got to me is George Floyd's story has been the story of black folks because ever since 401 years ago, the reason we could never be who we wanted and dreamed to being is you kept your knee on our neck.

We were smarter than the underfunded schools you put us in, but you had your knee on our neck. We could run corporations and not hustle in the street, but you had your knee on our neck.

We had creative skills, we could do whatever anybody else could do, but we couldn't get your knee off our neck. What happened to Floyd happens every day in this country, in education, in health services, and in every area of American life. It's time for us to stand up in George's name and say get your knee off our necks.

日本語

わたしは、ここに飛んできました。先週の木曜日、あの現場に立って感じたのは、ジョージ・フロイドの話は、401年前＊からの黒人の話だということです。わたしたちが夢を見るほどなりたかった者に絶対なれなかったのは、ひざで首を押さえつけられていたからです。

わたしたちは、入学させられた資金不足の学校なんかよりかしこかったのに、ひざが首を押さえつけていたのです。

わたしたちは、街角で商売せずに、会社を経営することができたのに、ひざが首を押さえつけていたのです。

わたしたちは創造する力があり、ほかの人ができることは何でもできたのに、ひざをわたしたちの首からどかすことはできませんでした。

フロイドがされたことは、教育の場で、医療の場で、アメリカの生活のそこかしこで、この国で毎日起きていることです。ジョージの名のもとにわたしたちは立ち上がり、「あなたのひざをわたしたちの首からどかしてください」と求めるときがきました。

＊401年前の1619年に、アメリカにはじめて黒人奴隷が連れてこられたという記録がある。

（「ABC News」の2020年6月4日のネット動画より）

2020年、警察官の黒人殺害事件に端を発した人種差別に反対する抗議デモや抗議行動は、世界中に拡大していきました。その1つとして、日本人女子テニス選手の大坂なおみさんの抗議があります。

ことのはじまり

大坂なおみ選手は、2020年8～9月にアメリカ・ニューヨークで開催された「全米オープン」で、アメリカで続く人種差別への抗議のため、白い文字で、警察に殺された黒人の名前を書いた黒いマスクをつけて試合に出場しました。

大坂選手は決勝までの7試合すべてで、1枚ずつ、黒人の名前入りマスクをつけました。9月8日の準々決勝で着用した5枚目のマスクには、ジョージ・フロイドさんの名前が見られました。ことのはじまりは、8月31日、この大会の1回戦の入場時、大坂選手が、警察官に銃撃された黒人女性ブリオナ・テイラーさんの名前をプリントしたマスクを着用したことでした。

8月末に大会が開幕したときから、大坂選手はマスクでメッセージを伝えると宣言していました。記者会見で「自分ではたいしたことはしていないと思っている。わたしにできることのごく一部でしかない」と語り、アメリカで広がっている抗議デモ「Black Lives Matter（黒人の命も大切）」（→p4）への連帯を示しました。

9月8日、全米オープンでの5回戦目で、ジョージ・フロイドさんの名前が書かれたマスクをつける大坂なおみ選手。　　写真：AP／アフロ

大坂なおみは、1997年、大阪府生まれ。日本人の母親とハイチ系アメリカ人の父親を持ち、3歳のときにアメリカのニューヨークに移る。2013年にプロテニス選手となる。男女を通じて、アジア初の世界ランク1位、テニスの4大大会2連覇などの記録を持つ。

だれの名前が?

2回戦からは、大坂選手がだれの名前が書かれたマスクを着用するのかが、アメリカ国内だけでなく、世界で話題となりました。テレビはもちろん、SNSをはじめとするインターネットメディアでもさわがれました。

あるテレビのコメンテーターが、「あなたがだれの名前が書かれたマスクをつけてくるのかを毎回予想しています」「今日は予想がはずれました。次の試合でだれの名前のマスクをするか、教えてもらえますか?」と大坂選手にたずねたところ、大坂選手は、「次がだれのマスクになるかは、わたし自身もわかりません。そのときの気持ちで決めているんです」と答えました。

大坂選手がどういう気持ちでこう返答したかはわかりませんでしたが、「次がだれ(のマスクになる)かは、わたし自身もわかりません」の( )をとれば、次はだれが殺されるかわからないとも聞こえるだけに、このインタビューも注目されました。結局、大坂選手は決勝までに、ブリオナ・テイラーさん、イライジャ・マクレインさん、アフマド・アーベリーさん、トレイヴォン・マーティンさん、ジョージ・フロイドさん、フィランド・カスティールさん、そして決勝では、タミル・ライスさんの名前が書かれたマスクをつけ、人種差別と警察の暴力の問題をテニスコートから訴えたことになります(この大会で大坂選手は優勝した)。

大坂なおみ選手がマスクに示した黒人犠牲者の名前と事件の概要

回戦	犠牲者名(年齢)	事件の概要
1	ブリオナ・テイラーさん(26)	2020年3月13日、ケンタッキー州ルイヴィルの救急救命士の自宅アパートに警官が押しいり寝ているところに発砲。武器を持っていなかったテイラーさんが死亡した。
2	イライジャ・マクレインさん(23)	2019年8月24日、コロラド州デンヴァー郊外のオーロラで、警察に拘束された際に首を強くしめつけられて死亡した。
3	アフマド・アーベリーさん(25)	2020年2月23日、ジョージア州ブランズウィックで、ジョギング中に、白人男性ふたりに射殺された。
4	トレイヴォン・マーティンさん(17)	2012年2月26日、フロリダ州サンフォードでヒスパニック系の青年に銃殺された。警察は事件発生から6週間たつまで加害者を逮捕しなかった。その上、正当防衛が認められ無罪になると、アメリカの各地で抗議行動が起こり、結果、この事件が、「Black Lives Matter」がつかわれるきっかけになったといわれている。
5	ジョージ・フロイドさん(46)	2020年5月、「Black Lives Matter」の抗議行動を再燃させたのが、ジョージ・フロイドさんの事件だった(→p4)。
6	フィランド・カスティールさん(32)	2016年7月6日、ミネソタ州ファルコンハイツで自動車の後部ライトがこわれていると警官によびとめられ、射殺された。
7	タミル・ライスさん(12)	2014年11月22日、オハイオ州クリーブランドでおもちゃの銃で遊んでいたところ、警察官にうたれて死亡した。

もくじ

この本の見方 ひとりのメッセージにつき、下のような構成になっています。

①人物ごとの扉
だれによるいつのメッセージかを紹介。

メッセージを日本語で
読もう！

メッセージを英語で
読もう！

↑
キーセンテンス
（カギになる一文）

②メッセージ
日本語と英語（黄色いページ）で勇気と希望に
あふれるメッセージを紹介。

↑
パックンの
1フレーズレッスン
役に立つ英語の知識
が得られるコラム。

パックンの一言
知っていてためになる情報を
パックンが伝えてくれる。

③もっと知りたい！
メッセージの背景
メッセージの背景をくわしく紹介。

アメリカ史上もっとも有名な演説の1つ「ゲティスバーグ演説」

エイブラハム・リンカーン

Abraham Lincoln

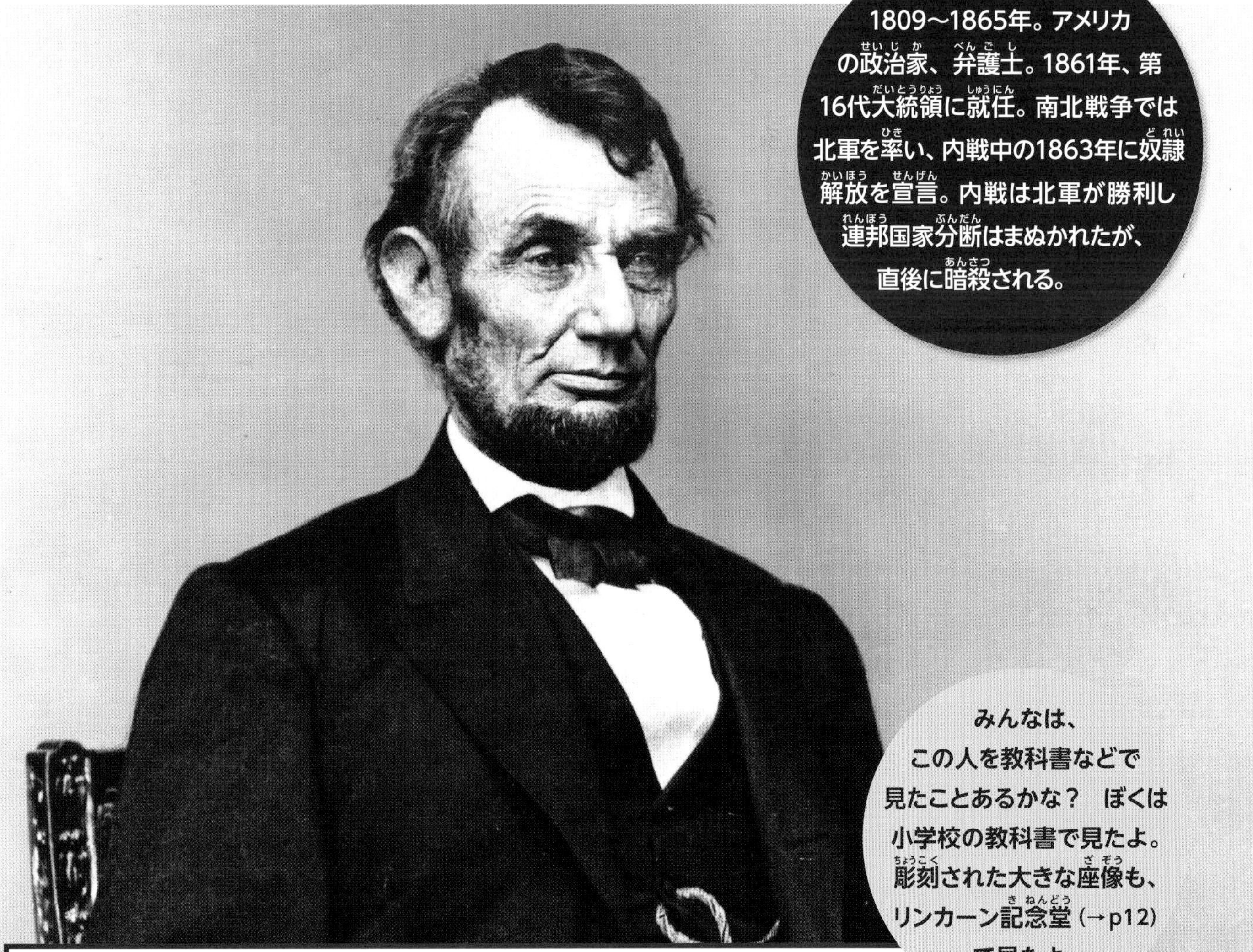

1809〜1865年。アメリカの政治家、弁護士。1861年、第16代大統領に就任。南北戦争では北軍を率い、内戦中の1863年に奴隷解放を宣言。内戦は北軍が勝利し連邦国家分断はまぬかれたが、直後に暗殺される。

みんなは、この人を教科書などで見たことあるかな？　ぼくは小学校の教科書で見たよ。彫刻された大きな座像も、リンカーン記念堂（→p12）で見たよ。

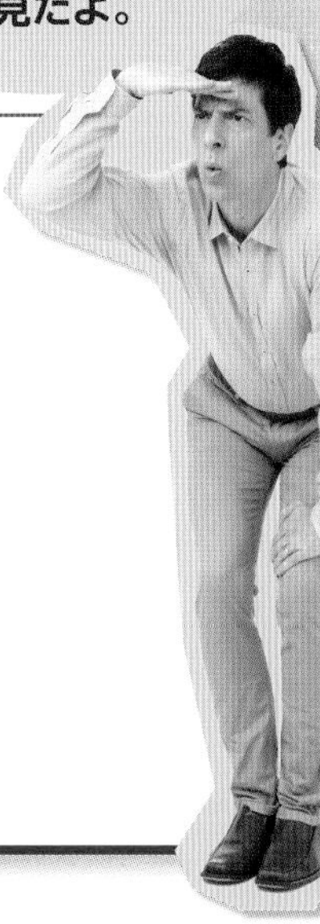

1863年11月19日、国立戦没者墓地の献納式にて

“Government of the people by the people for the people.” （→p13）

人民の人民による人民のための政治。（→p12）

リンカーンがこの演説をしたのは、アメリカの内戦「南北戦争」(→p16) の最中のことでした。そのころアメリカは1776年の建国以来はじめて、国家が分断する危機をむかえていました。

この演説は、全文がたったの2分と、とっても短いにもかかわらず、自由と平等を訴えた、とても格調高いスピーチだといわれているんだよ。

87年前、我われの父祖はこのアメリカ大陸に、自由の精神に育まれ、すべての人は平等につくられているという信条にささげられた新しい国家を誕生させました。

我われは今、この国家が、あるいは、自由の精神に育まれ万人の平等にささげられたあらゆる国家が、長きにわたり存続しうるかどうかを試す一大内戦のさなかにいます。我われはこの内戦の一大激戦地につどいました。国家が生きながらえるようにとここで自分の命をささげた者たちの永眠の地として、この戦場の一部を献納しにまいりました。我われがそうするのは、まったくもって適切なことであります。

しかし、より大きな意味では、我われはこの地を献納することも、清めることも、神聖なものにすることもできません。生きのこった者、戦死した者を問わず、ここでたたかった勇敢な人びとがすでに、我われの微力では足すことも引くこともできないほど高い次元で、この地を清めささげているからです。ここで我われが発する言葉を、世界はさして気にとめることもなく、長く記憶にとどめることもないでしょう。しかし、彼らがこの地でなしたことは決して忘れることはできません。この地でたたかった者たちが、ここまで気高くも進展させてきた偉大な事業を受け継ぎ、それに身をささげるべきは、むしろ生ある我われなのです。

残された偉大なる事業に我われは身をささげるのです。それは、名誉の死をとげた者たちが死力をつくし献身した大義を受け継ぎ一層の献身をささげることであり、亡くなった者たちの死を無駄にしないために、この国家が神の名のもとに新たな自由の誕生をむかえられるようにすることであり、そして、人民の人民による人民のための政治がこの地球から消えさることがないようにすることなのです。

※赤字の部分がp11のキーセンテンス（カギになる一文）の日本語訳です。

アメリカの首都・ワシントンD.C.のリンカーン記念堂にあるリンカーンの座像。

英語で読もう！

この演説は政治家の演説としては異例の短さだといわれています。その後、世界中に知れわたりました。下に英文の全文を掲載しますが、英語はむずかしいので、大人といっしょに読んでください。

とつぜんだけれど、ここでみんなにゲームをやってもらおう！　この演説は何単語で書かれているかな？　また、何文字？　みんなで競争しながら数えてみよう！

（→p15）

Four score and seven years ago our fathers brought forth on this continent, a new nation conceived in liberty, and dedicated to the proposition that all men are created equal.

Now we are engaged in a great civil war, testing whether that nation or any nation so conceived and so dedicated, can long endure. We are met on a great battle-field of that war. We have come to dedicate a portion of that field, as a final resting place for those who here gave their lives, that that nation might live. It is altogether fitting and proper that we should do this.

But, in a larger sense, we can not dedicate—we can not consecrate—we can not hallow, this ground. The brave men living and dead who struggled here, have consecrated it far above our poor power to add or detract. The world will little note, nor long remember what we say here, but it can never forget what they did here. It is for us the living rather to be dedicated here to the unfinished work which they who fought here have thus far so nobly advanced.

It is rather for us to be here dedicated to the great task remaining before us—that from these honored dead we take increased devotion to that cause for which they gave the last full measure of devotion—that we here highly resolve that these dead shall not have died in vain—that this nation under God shall have a new birth of freedom—and that government of the people by the people for the people shall not perish from the earth.

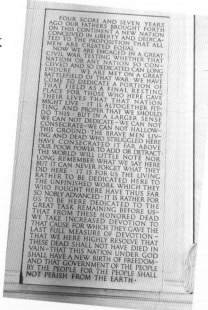

リンカーン記念堂の壁には、この演説がきざまれている。

みなさんも入学式や卒業式、結婚式などの式典に出席して、スピーチを聞くことがあるでしょう。スピーチは、長すぎるとみんなにいやがられます。かといって、短すぎるのはどうでしょうか？

スピーチは短いほうがいい？

このリンカーンの演説がおこなわれた式典では、リンカーンの前にエドワード・エヴァレットという政治家が2時間も話しつづけたと記録されています。

リンカーンは、大統領であるにもかかわらず、たったの2分で演説を終えました。2時間のあとに2分。聴衆はどう感じたのでしょうか。実は、その当時は短すぎたせいか、あまり評価されなかったといわれています。

ところがその後、この演説は、内容のすばらしさから話題をよび、アメリカ国内だけでなく、世界中で高く評価され、後世に残る名演説となったのです。

ぼくが小学生のころ、教科書にのっていたこの演説をみんなで暗記した記憶があるんだ。今も何も見ないでほとんどいえるよ！

民主主義の基本を端的に表現

リンカーンの演説でとくに高く評価されたのは、government of the people by the people for the people という部分だといわれています。日本では、この演説の一部が日本国憲法に取り入れられたこともあり、日本人の良く知るものとなりました。

日本国憲法では、people を「国民」と訳して次のように書かれています。

> そもそも国政は、国民の厳粛な信託によるものであつて、その権威は国民に由来し、その権力は国民の代表者がこれを行使し、その福利は国民がこれを享受する。

実は、リンカーンの演説の原稿はうつしがいくつか存在し、それぞれ少しずつことなっています（英文）。そのなかの、「ブリスの原稿」といわれるものは、リンカーンが署名を添付した唯一のものとして、現在も残っています。リンカーン記念堂にきざまれているのもブリスの原稿です（→p13）。

パックンの一言
上手な「刷り込み効果」

13ページの英文のなかには、dedicate という単語がいくつも出てくるよ。これは「ささげる」という意味だよ。また、それとほぼ同じ意味の単語 consecrate、hallow も出てくるんだ（さがしてみてね）。このように、同じ単語、同じような単語をつかうのは、メッセージに説得力を持たせるコツなんだよ。何度も同じことをいわれると、聞くほうはついつい納得してしまうんだね。これを「刷り込み効果」＊っていうよ。

＊生物学などでは、別の意味でつかわれる。パックンは、それを承知の上で、音楽などで使用される「リフレイン（くりかえし）」といった意味を持たせて、この言葉がしっくりするとしてつかっている。

この2分間のスピーチを文字に書き
あらわしてみると、271単語・1149文字です。
でも、そもそも「単語」って何でしょうか。
ここであらためて整理しておきましょう。

この数字は
13ページの
ゲームの答え
だよ。

アルファベットの名前と発音

英語の文字は「アルファベット」です。この言葉は、英語の原型とされるラテン語の最初の2文字であるAを「アルファ」、Bを「ベータ」とよび、その2文字をくっつけて「アルファベット」とよんだことによります。

英語のアルファベットには、大文字・小文字それぞれ26文字ずつあり、26文字のそれぞれに名前がついています。大文字の A、小文字の a の名前は「エイ」です。また、名前とは別に大文字の A、小文字の a には、「ア」という読み方(発音)があります。下の表は、26文字の名前と発音の一覧です。

単語とアルファベット

「単語」(ただ「語」ということもある)は、文法上の基本的な単位のことです。英語の場合、アルファベット(A a・B b・C c…)がいくつか集まって単語をつくり、意味を持ちます。たとえば、アルファベット3つの dog で「犬」の意味になります。ただし、たとえば a の1文字で「1つの」、I で、「わたしは」というように、1文字だけで意味を持つアルファベットもあります。

リンカーンの演説がいくつの単語でできているかを数えるには、最初の文の Four score and seven years ago を6個と数えることからはじめ、271個まで到達しなければなりません。なお、この部分の文字(アルファベット)の数は、Four(4文字)、score(5文字)、and(3文字)、seven(5文字)、years(5文字)、ago(3文字)で、合計25文字となります。

英単語と英文

日本語では「ぼくの名前はパックンです」と、ひらがな・カタカナ・漢字を続けて書けますが、英語ではアルファベットを MynameisPakkun. というように続けて書くことはありません。小さい子ども用の絵本のように「ぼくの　名前は　パックン　です」とわけて書きます(「わかち書き」という)。

●ぼくの名前はパックンです。

● My　name　is　Pakkun.

なお、英文を書くときには、次の決まりがあります。

●英文の最初の1文字は、大文字で書く。

●「わたしは・ぼくは」の意味の I は、文中のどこにあっても大文字で書く。

●単語と単語のあいだを1文字分あける。

大文字	A	B	C	D	E	F	G	H	I	J	K	L	M	N	O	P	Q	R	S	T	U	V	W	X	Y	Z
小文字	a	b	c	d	e	f	g	h	i	j	k	l	m	n	o	p	q	r	s	t	u	v	w	x	y	z
名前	エイ	ビー	スィー	ディー	イー	エフ	ジー	エイチ	アイ	ジェイ	ケイ	エル	エム	エヌ	オウ	ピー	キュー	アー	エス	ティー	ユー	ヴィー	ダブリュー	エックス	ワイ	ズィー
発音	ア/チ	ブッ	クッ/スッ ドゥッ	ドゥッ	エ	フ	グッ/ジ	ハッ	イ	ジ	クッ	ルッ	ムッ	ヌ/ン	オ	ブッ	ク	ル	スッ/ズッ	トゥッ	ア/ウ	ヴッ	ウ	クス/グス イ/ユ	ズッ

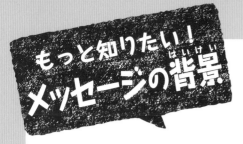

リンカーンのこのメッセージは、自由や平等の原理を端的にあらわしていると世界中で高く評価されています。そのメッセージはどのようにして生まれたのでしょう。

奴隷制度と南北戦争

かつてアメリカ大陸は、ヨーロッパの国ぐにが植民地とし、ヨーロッパ人によって大農場や鉱山が営まれていました。

その後、北アメリカ大陸の東海岸でアメリカが建国されると、西へ西へ、南へ南へと開発が進んでいきました。そうしたなか、北アメリカ大陸の南部では、綿花などを栽培する大農場でアフリカから連れてきた黒人を奴隷として働かせて、巨大な利益をあげる白人が多数出てきました。そこでは奴隷制度が認められていたのです。

しかし、19世紀に入ると、奴隷制度に反対する動きが北部ではじまり、奴隷制度を維持しようとする南部と対立するようになりました。

奴隷制度反対を主張するエイブラハム・リンカーンが大統領に就任すると、南北対立は激化。南軍と北軍とがたたかう内戦に発展しました。これが「南北戦争」（1861〜1865年）です。

戦火のなかでの献納式典

南北戦争は、当初、北軍が苦しいたたかいを強いられていましたが、南北戦争最大といわれる「ゲティスバーグのたたかい」で北部が南部の軍をしりぞけることに成功すると、戦局は、逆転しました。しかし、両軍ともに多くの犠牲者を出しました。

そこで、まだ戦争は続いていましたが、このたたかいで亡くなった人たちを追悼しようと、激戦の当地・ゲティスバーグに国立墓地がつくられ、1863年11月19日（たたかいから約4か月後）に献納式がおこなわれたのです。

その後、南北戦争が北軍の勝利で終わると、「人民の人民による人民のための政治」がアメリカの自由と平等の原則と民主主義の本質を語った言葉として知れわたりました。

南北戦争に北軍が勝ち、奴隷制度が廃止され、黒人も国民になりました。しかし、意地悪な試験の導入など、黒人の投票をさまたげる制度がはじまりました。

選挙権とその行使

その後もアメリカでは、人種差別はいっこうになくなりませんでした。とくに、かつて奴隷としてアメリカに連れてこられたアフリカ系アメリカ人に対する黒人差別が社会の根底にずっとくすぶっていて、ことあるごとに問題となりました。罪の有無にかかわらず、黒人に対し一部の白人警察官が暴行を加え、ときに死にいたらしめるような事件が多発しました。9ページに記したような犠牲者があとをたちません。

現代の新聞で見る黒人差別と、それに対する抗議行動は、リンカーンの時代とまったく変わっていないかのようです。しかし、そうした社会を変えようと、白人警察官の手によって死亡したジョージ・フロイドさんの弟のテレンス・フロイドさんは、「投票しよう」と選挙権の行使を訴えたのです。(→p5)

リンカーンの演説も、テレンス・フロイドさんの訴えも、どちらも追悼の場でのことでした。悲しみにうちひしがれながらの訴えだったのです。

ゲティスバーグのたたかい：1863年7月にあった南北戦争の転換点ともいわれる激戦。南軍と北軍あわせて5万人以上の死傷者を出した。

キング牧師*

Martin Luther King Jr.

1929〜1968年。アメリカの牧師、公民権活動家。本名はマーティン・ルーサー・キング・ジュニア。1963年、全アメリカ国民の平等な公民権を求める「ワシントン大行進」を指揮。1964年、非暴力的な抗議活動が評価されノーベル平和賞を受賞するが、数年後に暗殺により命を落とす。

「ワシントン大行進」とは？　「大行進」だから、多くの人が行進したことはわかるね。実は、20万人だったんだよ。有名人もたくさんいたよ。この1963年は、リンカーンが「奴隷解放宣言」を発表してからちょうど100年目だったんだ。

1963年8月28日、「ワシントン大行進」の最中、リンカーン記念堂前にて

"I have a dream." (→p21)

わたしには夢がある。(→p19)

*キリスト教のプロテスタント教会で信者を指導する立場の人。同じキリスト教でも、カトリック教会では神父という。

「ワシントン大行進」とは、1963年8月28日に
アメリカのワシントンD.C.でおこなわれた
人種差別撤廃を求めるデモのことです。
キング牧師のよびかけで20万人が
集まりました。そこでおこなわれた
キング牧師の演説の一部を見てみましょう。

20万人っていわれても、ピンとこないかもしれないね。写真を見てごらん。ここでキング牧師は、「刷り込み効果」（→p14）をたくみにつかったすばらしい演説をしたんだ。赤字を見てごらん！

公民権運動に身をささげる人びとに対してこうたずねる人たちがいる。「いつになればあなたたちは満足するのか」と。黒人が言葉にいいあらわせないような警察のおそろしい虐待行為の犠牲者であるかぎりは、我われは決して満足しない。旅につかれて重くなった体を休めるため、ハイウェイ沿いのモーテルや町のホテルに宿泊することができないかぎりは、我われは決して満足しない。

黒人の基本的な行動範囲が、小さなゲットー*から大きなゲットーまでであるかぎりは、我われは決して満足しない。我われの子どもたちが、「白人専用」という標識によって、人格をうばわれ、尊厳がそこなわれているかぎりは、我われは決して満足しない。ミシシッピ州の黒人が投票できず、ニューヨーク州の黒人が投票に値する対象がいないと考えているかぎりは、我われは決して満足しない。（中略）

ワシントン大行進の終着点、リンカーン記念堂に集まった人びと。

＊「ゲットー」とは、16〜20世紀にユダヤ人が強制的に居住を指定された区域。転じて、特定の民族や社会集団が孤立して住む区域の意味でもつかわれる。

絶望の谷間でもがくのはやめよう。友よ、今日わたしはいいたい。我われは今日も明日も困難に直面するが、それでもわたしには夢がある。それは、アメリカンドリームに深く根ざした夢である。わたしには夢がある。それは、いつの日か、この国が立ち上がり、「すべての人間は生まれながらにして平等であることを、自明の真理であると信じる」というこの国の信条を、真の意味で実現させるという夢である。

わたしには夢がある。それは、いつの日か、ジョージア州の赤土の丘で、かつての奴隷の子孫たちとかつての奴隷所有者の子孫たちが、兄弟として同じテーブルにつくという夢である。わたしには夢がある。それは、いつの日か、不正と抑圧の灼熱で焼けつかんばかりのミシシッピ州でさえ、自由と正義のオアシスへと生まれかわるという夢である。わたしには夢がある。それは、いつの日か、わたしの4人のおさない子どもたちが、肌の色ではなく、人格そのものによって評価される国でくらすという夢である。今日、わたしには夢がある！　わたしには夢がある。それは、いつの日か、卑劣な人種差別主義者たちがいて「連邦政府の干渉排除」や「連邦法実施拒否」を主張する州知事のいるアラバマ州でさえも、いつの日か黒人の少年少女が白人の少年少女と兄弟姉妹として手をとりあうようになるという夢である。今日、わたしには夢がある！

右は、キング牧師の演説のなかの赤字とその前後をはぶいて、書いてみたものだよ。みんなは、これをどう思うかな？

絶望の谷間でもがくのはやめよう。友よ、今日わたしはいいたい。我われは今日も明日も困難に直面するが、わたしにはアメリカンドリームに深く根ざした夢がある。

それは、いつの日か、この国が立ち上がり、「すべての人間は生まれながらにして平等であることを、自明の真理であると信じる」というこの国の信条を、真の意味で実現させること。

ジョージア州の赤土の丘で、かつての奴隷の子孫たちとかつての奴隷所有者の子孫たちが、兄弟として同じテーブルにつくこと。

不正と抑圧の灼熱で焼けつかんばかりのミシシッピ州でさえ、自由と正義のオアシスへと生まれかわること。

わたしの4人のおさない子どもたちが、肌の色ではなく、人格そのものによって評価される国でくらすこと。

卑劣な人種差別主義者たちがいて「連邦政府の干渉排除」や「連邦法実施拒否」を主張する州知事のいるアラバマ州でさえも、いつの日か黒人の少年少女が白人の少年少女と兄弟姉妹として手をとりあうこと。

これじゃ、名演説にならないよね。「刷り込み効果」って、すごいことがわかるでしょ。

この演説は日本の中学校の英語の教科書にものっています。「刷り込み効果」の部分（18〜19ページの赤字）を20〜21ページでさがしてみましょう。
13ページでは演説の単語の数とアルファベットの数を数えましたが、今度は英文さがしゲームをやってみましょう。

このシリーズの黄色いページには、英語がたくさんのせてあるよ。みんなに英語にふれてもらいたいからだよ。将来こういう英語が読めるようになるとたのしいでしょ！

18ページで赤字にした「我われは決して満足しない」 We can never be satisfied をさがしてごらん。

There are those who are asking the devotees of civil rights, "When will you be satisfied?" We can never be satisfied as long as the Negro is the victim of the unspeakable horrors of police brutality. We can never be satisfied as long as our bodies, heavy with the fatigue of travel, cannot gain lodging in the motels of the highways and the hotels of the cities.

We cannot be satisfied as long as the Negro's basic mobility is from a smaller ghetto to a larger one. We can never be satisfied as long as our children are stripped of their selfhood and robbed of their dignity by signs stating: "For Whites Only." We cannot be satisfied as long as a Negro in Mississippi cannot vote and a Negro in New York believes he has nothing for which to vote. (...)

リンカーン記念堂の座像の前で記念撮影する、ワシントン大行進を先導したリーダーたち。前列右からふたり目がキング牧師。

NEW CROWN
English Series
3

キング牧師の演説がのっている中学校の英語の教科書。
（令和3年度版『NEW CROWN 3』、三省堂）

I have a dream
はいくつ
あるかな？

Let us not wallow in the valley of despair. I say to you today, my friends—so even though we face the difficulties of today and tomorrow, I still have a dream. It is a dream deeply rooted in the American dream. I have a dream that one day this nation will rise up and live out the true meaning of its creed: "We hold these truths to be self-evident, that all men are created equal." I have a dream that one day on the red hills of Georgia, the sons of former slaves and the sons of former slave owners will be able to sit down together at the table of brotherhood. I have a dream that one day even the state of Mississippi, a state sweltering with the heat of injustice, sweltering with the heat of oppression, will be transformed into an oasis of freedom and justice. I have a dream that my four little children will one day live in a nation where they will not be judged by the color of their skin but by the content of their character. I have a dream today! I have a dream that one day, down in Alabama, with its vicious racists, with its governor having his lips dripping with the words of "interposition" and "nullification"—one day right there in Alabama little black boys and black girls will be able to join hands with little white boys and white girls as sisters and brothers. I have a dream today!

これだけは
暗記しよう！

パックンの１フレーズレッスン

アイ　ハ ヴ　ア　ド リ ー ム
I have a dream.
わたしには夢がある。

I have a pen, I have an apple ～ という、あるお笑い芸人（ぼくじゃないよ）のギャグがあるよね。訳すと、「わたしはペンを持っています。わたしはりんごを持っています」となるよ（その芸人がいわないとおもしろくないけれど）。 この場合、have は「～を持っている」という意味だけど、でもキング牧師が持っていたのは「夢」だから、「～がある」と訳すよ。「宿題がたくさんある」は、I have a lot of homework. となる。宿題は早めにやろうね！

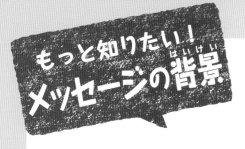

キング牧師の演説は、アメリカの独立宣言の「すべての人間は平等につくられている」という理念をあらわしています。この簡潔ながら力強いメッセージは、広く人びとの共感をよびました。

人種差別撤廃のために

アメリカでは、1863年の奴隷解放宣言（→p11の赤丸を参照）後も黒人への人種差別は続いていました。それどころか南部の一部の州では、白人以外のカラード（有色人種）を隔離する「ジム・クロウ法」など、人を肌の色によって公共の場所で分離する法律が成立。黒人は教育や就職の機会、住居なども制限され、不条理な暴力を受けていました。

そうしたなか1950年代になると、黒人の平等を求める「公民権運動」が活発化しました。1954年には教育の現場における分離が憲法違反だとする「ブラウン判決」が下り、それ以降の公民権運動はさらに勢いを増しました。そして翌年の1955年、キング牧師は「バス・ボイコット運動」を率います。するとアラバマ州の人種分離法に対し、アメリカ連邦裁判所は、違憲との判断を下しました。

「ワシントン大行進」（→p18）がおこなわれたのは、それからしばらくたった1963年のことでしたが、その翌年の1964年にはようやく「公民権法」が可決されました。なお、その判決の数か月後、功績が高く評価されたキング牧師はノーベル平和賞を受賞しました。

ワシントンD.C.にあるキング牧師の記念碑。○でかこんだところに見えるのは、「我われは絶望の山から希望の石を切り出すことができる」という意味の英文。

カラード（有色人種）：白人でない人をさすために使用された言葉。ジム・クロウ法：1877年から1964年まで続いた法的な人種隔離制度。黒人の公共施設への利用制限が定められていた。バス・ボイコット運動：南部のアラバマ州で黒人が白人に席をゆずらなかったために、逮捕された事件（当時は、バスなどの公共交通機関では、黒人はつかえるイスや出入り口がかぎられていた）がきっかけとなり、黒人と、黒人の訴えに賛同した白人らが、1年以上のあいだバスの乗車を拒否した。公民権法：人種差別を禁止し、すべての人に公民権を約束する1964年に制定されたアメリカの法律。

信念を世に知らせた命がけの訴え

ネルソン・マンデラ

Nelson Mandela

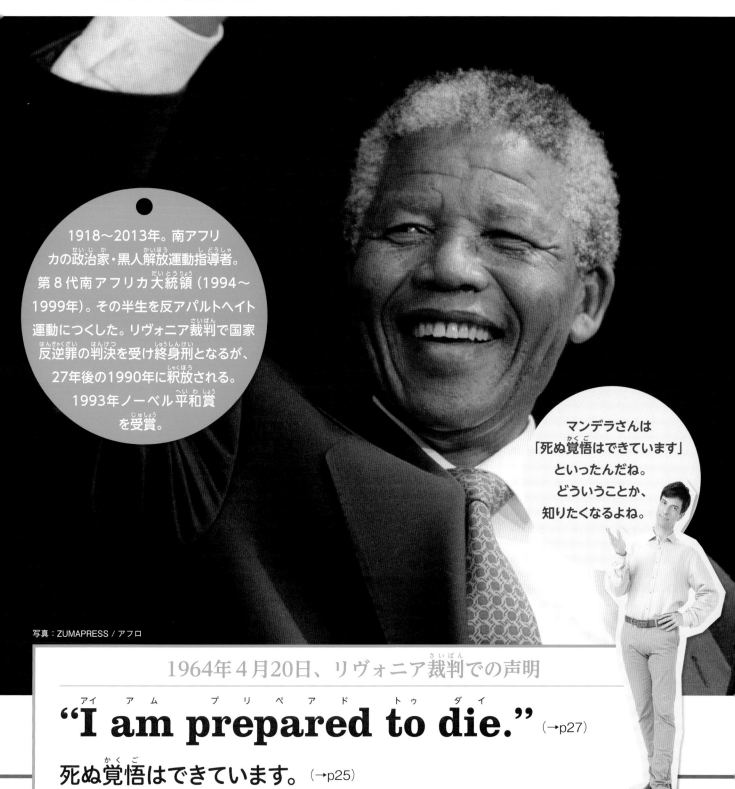

1918～2013年。南アフリカの政治家・黒人解放運動指導者。第8代南アフリカ大統領（1994～1999年）。その半生を反アパルトヘイト運動につくした。リヴォニア裁判で国家反逆罪の判決を受け終身刑となるが、27年後の1990年に釈放される。1993年ノーベル平和賞を受賞。

マンデラさんは「死ぬ覚悟はできています」といったんだね。どういうことか、知りたくなるよね。

写真：ZUMAPRESS／アフロ

1964年4月20日、リヴォニア裁判での声明

"I am prepared to die." (→p27)

死ぬ覚悟はできています。(→p25)

ネルソン・マンデラは「国家反逆罪」に問われ、
裁判にかけられました。下は、死刑はまぬかれ
ないのでは？ ともいわれたマンデラ被告の
声明文の、最後の部分です。

マンデラさんが
声明文を読みあげるのに
かかった時間は、なんと4時間！
❶〜⓬の部分を読んでごらん。
これって、人間として
当たり前のことばかりだよね。
それを命がけで訴えたんだよ。
どういうことだと思う？
よく考えてみて！

唯一の解決策は、アフリカの人びとが強いられている生活環境を変え、彼らの正当な不満をとりのぞくことです。

❶アフリカの人びとは、生活賃金を支払ってほしいのです。

❷アフリカの人びとは、政府によって限定された範囲の仕事ではなく、

自分たちの能力をいかせる仕事がしたいのです。

❸我われは仕事を見つけた地域に住むことを認めてほしいのです。

❹その地域で生まれていないからといって、住む場所を追われたくはないのです。

❺いつまでも「わが家」とよべない賃貸住宅に住むことを義務づけられたくはないのです。

❻わたしたちは一般の人びとの一部でありたく、ゲットーに閉じこめられていたくはないのです。

❼アフリカの男性は、妻や子どもたちと自分の職場の近くでくらしたく、男性用のホステルに不自然に

つめこまれたくはないのです。

❽女性は男性といっしょにいたく、居住区にいつまでも未

亡人状態でとりのこされていたくはないのです。

❾わたしたちは夜の11時以降も外に出かけるのを認めてほ

しく、子どものように部屋に閉じこめられたくはないのです。

❿わたしたちは労働局が指示した場所ではなく、国内を自由

に移動し、自分たちが望む場所で職さがしをしたいのです。

⓫わたしたちは南アフリカ全体における公正な共有を望んで

いるのです。

⓬わたしたちは、安全と社会への関与を望んでいるのです。

当時つかわれていた看板。上は英語で、下はアフリカーンス語で「白人専用」と書かれている。

※ここでは、26ページの英語と対応しやすいように改行してある。

そして何よりも、わたしたちは政治における公平な権利を求めます。そうでなければ、わたしたちの障害がなくなることはありません。これは、この国の白人にとって革命的に聞こえるでしょう。アフリカの人びとが有権者の過半数を占めることになるため、白人は民主主義をおそれるのです。しかし、民族融和と万人の自由を実現するための唯一の解決策を、その恐れが阻止することはあってはなりません。参政権がいきわたることが人種の支配をまねくことはないのです。肌の色による政治の対立はまがいもので、それがなくなったときにこそ、ある肌の色による、ちがう肌の色への支配は消えるのです。

1994年、黒人にも選挙権が認められ、はじめて投票に参加するマンデラ。

アフリカ民族会議（ANC、→p28）は半世紀ものあいだ、人種差別主義とたたかってきました。政権をにぎる日はかならずきますが、そのときにこの方針が変わることはありません。これがANCの闘争です。真に国家的な闘争です。苦しみと経験に根ざしたアフリカの人びとの闘争です。生きる権利を得るための闘争です。わたしは人生をアフリカの人びとの闘争にささげてきました。白人支配に対してたたかい、黒人支配に対してもたたかってきました。すべての人びとが調和のなかで平等な機会を得て共生する、民主的で自由な社会の理想を心に抱いてきました。これを、わたしが生きているあいだに見届けることが理想です。

しかし、必要とあらば、その理想のために死ぬ覚悟はできています。

※赤字の部分が23ページのキーセンテンス（カギになる文）の日本語訳です。

マンデラさんとアパルトヘイト

マンデラさんは、生涯をかけてアパルトヘイトとたたかってきた。「アパルトヘイト」とは、南アフリカ国民の8割を占める黒人（カラード＊ふくむ）を2割の白人が支配するという南アフリカの人種隔離（差別）政策のことだよ。裁判でマンデラさんが4時間もかけて声明文を読みあげたのは、黒人が受けている迫害を多くに知らしめるためなんだね。自分の刑を軽くするためではないんだ。だから、最後に、死ぬ覚悟があるといったんだよ。

アパルトヘイトは廃止されたけれど、ぼくの国アメリカで黒人差別がなくならないように、南アフリカでもいまだに人種差別はなくなっていないよ。世界を見れば、パレスチナ問題、ウイグル人の迫害問題、クルド人問題など、人権が侵害されている例がたくさんある。

みんなはどれだけ知っているかな？　今世界で起きている差別や迫害について、この本をきっかけとして、自分たちで調べてくれるとうれしいよ。

＊ここでの「カラード」は白人と非白人の混血の人をさす。

この声明文には、できるだけやさしい単語がつかわれています。それは、英語を母語としない人もふくめ、いっぱんの黒人たちにも伝わるようにするためだといわれています。

we（わたしたち）がたくさんつかわれているからさがしてみて！ I（わたし）ではなく、weをつかうと、聞いている人に仲間意識を持たせることができるんだよ。

このページの英語は比較的かんたんだよ。中学生なら読めるかもね。

The only cure is to alter the conditions under which Africans are forced to live and to meet their legitimate grievances.

❶Africans want to be paid a living wage.

❷Africans want to perform work which they are capable of doing, and not work which the Government declares them to be capable of.

❸We want to be allowed to live where we obtain work,

❹and not be endorsed out of an area because we were not born there.

❺We want to be allowed and not to be obliged to live in rented houses which we can never call our own.

❻We want to be part of the general population, and not confined to living in our ghettoes.

❼African men want to have their wives and children to live with them where they work, and not to be forced into an unnatural existence in men's hostels.

❽Our women want to be with their men folk and not to be left permanently widowed in the reserves.

❾We want to be allowed out after eleven o'clock at night and not to be confined to our rooms like little children.

南アフリカの首都プレトリアにある、ネルソン・マンデラの銅像。

❿We want to be allowed to travel in our own country and to seek work where we want to, and not where the Labour Bureau tells us to.

⓫We want a just share in the whole of South Africa;

⓬we want security and a stake in society.

Above all, we want equal political rights, because without them our disabilities will be permanent. I know this sounds revolutionary to the whites in this country, because the majority of voters will be Africans. This makes the white man fear democracy. But this fear cannot be allowed to stand in the way of the only solution which will guarantee racial harmony and freedom for all. It is not true that the enfranchisement of all will result in racial domination. Political division, based on colour, is entirely artificial and, when it disappears, so will the domination of one colour group by another.

The ANC has spent half a century fighting against racialism. When it triumphs as it certainly must, it will not change that policy. This then is what the ANC is fighting. Our struggle is a truly national one. It is a struggle of the African people, inspired by our own suffering and our own experience. It is a struggle for the right to live. During my lifetime I have dedicated my life to this struggle of the African people. I have fought against white domination, and I have fought against black domination. I have cherished the ideal of a democratic and free society in which all persons will live together in harmony and with equal opportunities.

It is an ideal for which I hope to live for and to see realised. But, if it needs be, it is an ideal for which I am prepared to die.

マンデラがリヴォニア裁判で立ったといわれるプレトリアの法廷。

ネルソン・マンデラは1918年に南アフリカの現・東ケープ州、ムベゾという村で首長の子どもとして生まれました。23歳でヨハネスブルグに移りすみ、大学で法律学を学び、弁護士をしていました。

南アフリカの人種差別の歴史

17世紀なかばからオランダの、また、19世紀前半からはイギリスの植民地となった南アフリカへは、ヨーロッパから多くの白人が移りすみました。1910年に独立しますが、植民地時代と変わらず、権力を白人がにぎる「アパルトヘイト」（→p25）がおこなわれ、「人口の8割を占める非白人に参政権をあたえないこと」「居住地を限定すること」「教育の分離」などが定められました。「非白人」とは、アフリカ人（黒人）、カラード、アジア人（主にインド系）のこと。アパルトヘイトにより、国民の権利は、人種によってことなっていました。

反アパルトヘイト運動

こうした南アフリカの人種差別に反対する運動、すなわち反アパルトヘイト運動が活発になってきたのは、1960年代のことです。運動を主導したのはアフリカ民族会議（ANC）で、マンデラは、その指導者のひとりでした。その運動が激しくなると、政府は徹底的に弾圧を加えました。ところが、そうした政府に対し、国内だけでなく、国際的にも批判が強まりました。

「南アフリカの商品を買わないようにしよう」と書かれたステッカー。国際的には、こうした反アパルトヘイト運動もおこなわれていた。

マンデラの半生

反アパルトヘイト運動のなかで、マンデラは何度も逮捕されました。1962年に逮捕されたとき44歳だった彼が釈放されたのは、1990年、彼が71歳になってからでした。「リヴォニア裁判」がおこなわれたのは、そのあいだでした。

マンデラは、弁護士でした。国家反逆罪に問われ、有罪となれば死刑の可能性も高いことを知っていましたが、アパルトヘイトの実態とANCの正当性を国内外に訴えました。結果、国際的な批判をおそれた裁判所が、死刑ではなく終身刑をいいわたしました。

その後、マンデラは、27年間、刑務所で過ごしましたが、裁判であげた彼の考えは、まったく変わることがありませんでした。

マンデラが大統領に

反アパルトヘイト運動が激しくなっていた1989年、大統領に就任したフレデリック・ウィレム・デクラークは、アパルトヘイト撤廃へと舵を切りました。次いで1991年、アパルトヘイト関連法の撤廃を宣言し、1994年には、すべての人種が参加した大統領選挙がおこなわれました。結果、マンデラが当選。白人と黒人の分離された社会は、ようやく統一され、だれもが自由で平等な社会が理想とされました。なお、デクラークとマンデラは、アパルトヘイト撤廃の功績が評価され、1993年、ともにノーベル平和賞を受賞しました。

アフリカ民族会議（ANC）：1912年に南アフリカ先住民族会議（SANNC）として発足した民族運動組織、のちに政党。
フレデリック・ウィレム・デクラーク：1936年生まれ。第7代南アフリカ大統領（1989～1994年）。

非暴力・不服従の精神でインドを独立へ導いた「独立の父」

マハトマ・ガンディー

Mahatma Gandhi

1869〜1948年。インドの弁護士、宗教家、政治指導者。「非暴力・不服従」のスローガンをかかげて活動し、インドを1947年の独立に導いたが、1948年、過激なヒンドゥー教徒により暗殺。「マハトマ」は「偉大なる魂」を意味する尊称。本名はモーハンダース・カラムチャンド・ガンディー。

Do は、何かを「する」の意味。die は、「死ぬ」という意味だね。or は、「または」。ずばり、「やるか、死ぬか」写真のおだやかなお顔からは、想像できない、強い言葉だね。

1942年8月8日、インド国民会議派の全国委員会での演説

"Do or die." (→p32)

行動か死か。(→p30)

この演説は、ガンディーらが率いるインド国民会議派*の集会で語られました。18世紀からインドを占領するイギリスを「暴力をつかわずに」追い出して独立しようという宣言です。

「インド独立の父」と
よばれているガンディーは、
アメリカのキング牧師 (→p17) や
南アフリカのマンデラさん (→p23)
などインド国外の活動家にも
大きな影響を
あたえたんだよ。

わたしは世界に宣言したいのです。(中略)

わたしのなかの何かが、この激しい思いをさけぶようにかりたてます。

わたしは人間の性を知っています。心理学を多少勉強しています。

そういう者なら自ずとわかるのです。どのように説明されてもかまいません。

わたしのなかの声がこういうのです。

「たとえ独りであっても、世界に立ち向かわなくてはならない。たとえ世界から血走った眼を向けられるとしても、世界から目をそむけてはならない。

おそれるな。心のなかに住む小さな声を信じるのだ」と。

その声は「友、妻、みんなを見捨てても、何のために生き、何のために死ぬのかをおごそかに宣言するのだ」といっています。

わたしは自分の寿命をまっとうしたいと思っています。そして自分の寿命は120年と決めています。そのころには、インドは自由に、世界も自由になっているはずです。(中略)

行動か死か、わたしたちは死ぬ覚悟でやるのです。

ガンディーの
この宣言によって、
イギリスから独立しようという
非暴力の訴えがインド各地に
広がったんだ。これを
「(イギリスは) インドを立ちされ運動」
というよ。英語では Quit India。
Quit は「やめる」という意味。
「インド (を占領するの) を
やめて立ちされ！」
ってことだね。

「行動か死か」なんて
すごい言葉だね。
どういうことかな？
33ページを読んで
みよう！

* 「インド国民会議派」とは、1885年に結成された、インド独立運動で中心的な役割を果たした政治組織。現在ではインドの政党。

※赤字の部分が29ページのキーセンテンス (カギになる文) の日本語訳です。

パックンの一言

ガンディーの「有言実行 walk the walk」ぶりがすごい!

当時、インドを占領していたイギリスは、インド以外にも世界中のいろいろな地域を植民地にしていたよ。イギリスが夜でも、どこかの植民地が朝や昼だから、イギリスは「日の沈まない国」といわれていたんだ。ガンディーは、そんな大帝国イギリスに、非暴力で抵抗した。

その方法の1つが「ひたすら歩く」こと。えっ! どういうこと? と、思うよね。その答えは、こうだよ。

ガンディーは1930年、海岸までの約390キロメートルの道のりを24日間かけて歩き、たどり着いた海岸で塩をつくったんだ。「塩の行進」とよばれているよ。これは、インドでの塩の製造販売権をイギリスが独占していることへの抗議活動だった! ほかの抗議活動でも、ガンディーはひたすら歩いたんだよ。それが、とてもわかりやすくて、だれにでもすぐにできる活動だからなんだ。

ガンディーは、1913年から亡くなる1948年までに、8万キロ＝地球2周分もの距離を歩いたんだって! いったことを責任をもって実行する

「有言実行」を、英語で walk the walk というよ。walk は、歩くの意味。ガンディーにぴったりの言葉だね!

「塩の行進」の目的地の海岸にたどり着いたガンディー。

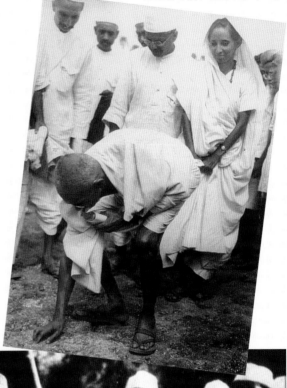

ガンディーがおこなった抗議活動のなかでも有名な「塩の行進」で、参加者を率いるガンディー。

マハトマ・ガンディー

ガンディーの演説はとても長く、ヒンドゥスターニー語*
というインドの言葉のパートと英語のパートが
ありました。ここには、英語で語られたうちの
重要な一部をのせます。

ガンディーは
イギリスに留学して
弁護士になった人で、
英語が話せたん
だよ。

I want to declare to the world. (...)
There is something within me impelling me to cry out my agony. I have known humanity. I have studied something of psychology. Such a man knows exactly what it is. I do not mind how you describe it. That voice within tells me, "You have to stand against the whole world although you may have to stand alone. You have to stare in the face the whole world although the world may look at you with bloodshot eyes. Do not fear. Trust the little voice residing within your heart." It says: "Forsake friends, wife and all; but testify to that for which you have lived and for which you have to die."

I want to live my full span of life. And for me I put my span of life at 120 years. By that time India will be free, the world will be free. (...)

I have pledged the Congress and the Congress will do or die.

*「ヒンドゥスターニー語」とは、インドの言語の１つ。現在は２つの言語にわかれている。

これだけは
暗記しよう！

パックンの１フレーズレッスン

アイ　ワント　トゥ　リヴ　マイ　フル　スパン　オヴ　ライフ
I want to live my full span of life.
わたしは自分の寿命をまっとうしたいと思っています。

want は「ほしい」という意味だけど、I want to ～ だと、「わたしは～したい」という意味になるよ。とてもよくつかう表現だから、ぜひおぼえてね。練習してみよう！「あのおもちゃがほしい」は I want that toy.「カレーライスが食べたい」は I want to eat curry and rice. 上の英文のはじめにも、I want to declare to the world.「わたしは世界に宣言したい」とあるよね。「～したくない」といいたいときは、want の前に don't をつけるよ。I don't want to do this. は「これはやりたくない」となるわけだ。

1942年８月８日の委員会での
ガンディー。

ガンディーは78歳で暗殺された。遺灰は火
葬場から列車に乗せて運ばれ、ガンジス川
（一部は南アフリカの海）にまかれた。写真
は、列車が経由する駅に、「インド独立の
父」に敬意をあらわすため集まった人びと。

これだけは
暗記しよう！

パックンの１フレーズレッスン

ドゥー　オー　ダイ
Do or die.

行動か死か。

or は「〜または〜」という意味だよ。２つのものから、「どっちがいい？」と選んでほしいときに、単語を
２つならべて or でつなげるだけで通じるよ！ 「いちごとメロン、どっち？」は、strawberry or melon?
で通じる。どちらが好きかを聞きたい場合は、which do you like more, strawberry or melon?「あなたは
いちごとメロン、どちらが好きですか？」となるよ。でもガンディーがならべた２つは、do と die。言葉は
似ているけど「やる」または「死ぬ」かという、とても極端な言葉だね。「行動か死か」は、実際に死ぬので
はなくて、「行動しないなら死ぬのと同じ＝死ぬ覚悟でやる」という意味だとも考えられるよ。

ガンディーのメッセージは、強い意志がこめられたもの。インド独立を大きく前進させたといわれています。ガンディーの思想の原点から見てみましょう。

ガンディーという人物

幼少期から勉強を好んでいたガンディーは1888年、18歳のときに、弁護士になろうとイギリス・ロンドン大学へいきました。弁護士資格をとると、インドへいったん帰国。その後、1893年に南アフリカで弁護士活動をはじめました。当時、インドと南アフリカはイギリス連邦に組みこまれていました。南アフリカの多くのインド人移民は、苦力（クーリー）とよばれる労働者で、過酷な労働や差別を強いられていました。その状況を見ていたガンディー自身、列車に乗りこむ際に乗車を拒否されるなど、差別を経験し、次第に南アフリカでのインド人の人権擁護に力を入れるようになりました。そのやり方は、非暴力・不服従。これを、ガンディーは「サティヤーグラハ」と名づけました。

「インド独立の父」

18世紀からイギリスの植民地支配を受けてきたインドでは、インド人は高い税金をかけられたり、逮捕状なしに逮捕されたりと、権利侵害を受けていました。そうしたなか、状況を改善しようとガンディーらがはじめたのが、「インドを立ちされ運動」です。

1939年に世界で第二次世界大戦が勃発すると、イギリスはインドに対し戦争への協力を要請。それに対し、ガンディーは非協力を主張。サティヤーグラハで抗議しました。するとアメリカや中国をはじめとする国際世論が、それぞれの思惑からイギリスに対し、インド独立の承認をせまるようになりました。

結果、イギリスはインドが大戦に参加することを条件として、戦後の独立を承認するという提案をしてきました。しかし、独立がすぐではなく戦後であることから、ガンディーらはその提案を拒否しました。これが、「インドを立ちされ運動」につながったのです。

ガンディーは1942年8月8日、インド国民会議派の全国委員会の場で、この演説を通してイギリスの要求拒否とインドの独立をめざそうとインド全土によびかけました。その翌日、イギリスはガンディーを逮捕。すると、逮捕に抗議してデモが各地で発生し、次第に大きな運動へと発展しました。この一連のデモで、約500人が命を落とし、約6万人が逮捕されたといわれています。

結局、1947年、イギリス議会内でインド独立法が可決され、インドは独立しました。ガンディーは、尊敬の念をこめて偉大なる魂を意味する「マハトマ」という敬称が贈られました。現在でもインドの通貨であるルピーにその肖像画が描かれ、インド独立の父として多くのインド人から尊敬されています。

インドのお札の肖像画はすべてガンディーで統一されている。

苦力（クーリー）：肉体労働をおこなっていた、中国とインドの下層労働者。インド独立法：1947年にイギリスからインドが独立することを規定した基本法。ただし、ガンディーの反対にもかかわらず、パキスタンとインドの分離独立が定められた。

キリスト教徒でありながら、宗教に関係なくひとしく人につくした

マザー・テレサ
Mother Teresa

1910〜1997年。オスマン帝国（現・北マケドニア）生まれ。カトリック教会の修道女。本名はアグネス・ゴンジャ・ボヤジュ（マザーは指導的立場の修道女の敬称で、テレサが修道名）。インドで修道会「神の愛の宣教者会」を設立し、ひとしくすべての人に献身的につくした。1979年、ノーベル平和賞受賞。

このおばあちゃんの
お顔、見たことあるかな？
マザー・テレサとわかっても、
本名は？　どこの国の生まれ？
何をした人？　さあ、
今さら聞けないことを
知っちゃおうよ！

写真：UPI／アフロ

1979年12月10日、ノーベル平和賞の受賞スピーチ

"Love one another until it hurts." (→p39)

痛いと思うほどおたがいを愛しあってください。(→p37)

ノーベル賞受賞者は、燕尾服やドレスなどの正装で授賞式にのぞむものです。でも、マザー・テレサはふだんと同じ質素な白い木綿のサリー（インドの民族服）を着て参加し、このスピーチをおこないました。

マザー・テレサはスピーチで、自分のための晩さん会は不要で、その分のお金は貧しい人びとのためにつかってほしいといったんだって。もちろん、ノーベル賞の賞金は、インドの貧しい人のためにつかったよ。

わたしたちにとって、愛をもって神聖になることはとても美しいことです。神聖さは少数の贅沢ではなく、わたしたちひとりひとりの単純な義務なのです。そしてこの愛を通して、神聖になることができるのです。このおたがいの愛にも、今日受けとる賞にも、わたし個人はとても値しません。そして、貧しい人びとを理解するために貧困を誓ったわたしは、今後も民と同じ貧困を選ぶのです。しかし、飢えている人、着るもののない人、家のない人、体の不自由な人、目の見えない人、ハンセン病にかかった人、必要とされていない、愛されていない、寄る辺のない、社会から見放されたすべての人びと、社会の重荷とされ、はずかしめを受けている人びとに代わって、この賞を受けとることは光栄であり、とても喜ばしいことです。

彼らに代わって、わたしはこの賞を受けます。そしてこの賞が、裕福な人びとと貧しい人びとのあいだに理解の愛をもたらすことを確信しています。（中略）

マザー・テレサと、インドに彼女が建てた「神の愛の宣教者会」の子どもたち。

写真：Science Source / アフロ

わたしたちは、子どものいなかった多くの家庭に幸福をもたらしてきました。そして今日、陛下と世界各国からいらしたみなさんにお願いがあります。これから生まれてくる子どもたちによりそえる勇気が、そしてその子たちが愛し、愛される機会をあたえる勇気がわたしたちにありますよう、どうか祈ってください。そうすれば神の恩恵のもと、わたしたちは世界に平和をもたらすことができるでしょう。ノルウェーにいるわたしたちに機会があたえられています。みなさんは、神に恵まれ、ご裕福なのです。それでも、なかには、パンの一切れに飢えていなくとも、家族のなかに必要とされず、愛されず、寄る辺もなく、忘れられて、愛に飢えている人がいるかもしれません。愛は家庭からはじまります。そして真実の愛は痛みをともなうものです。

わたしは、とても大事なことを教えてくれた、あるおさない子を忘れることはないでしょう。マザー・テレサが子どもにあたえる砂糖をきらしていることが、カルカッタの子どもたちに伝えられました。それを聞いた4歳のヒンドゥー教の少年は、家に帰って両親にこういったそうです。「ぼくは3日間砂糖は食べない。ぼくの砂糖をマザー・テレサにあげるんだ」。小さな子どもが提供できるものの大きさ！ 3日後、わたしの名前もうまく発音できない少年が、持ってきてくれたのです。彼の愛は大きな愛でした。痛みをともなう大きな愛です。そして、これがわたしの伝えたいことです。痛いと思うほどおたがいを愛しあってください。ただ、あなた方の持っているものを持たない、たくさんの、たくさんの子どもたち、そして大人が世界にいることを忘れないでください。そして忘れずに彼らを痛いほど愛してください。

※赤字の部分が35ページのキーセンテンス（カギになる文）の日本語訳です。

ドラマのようなスピーチ

　このスピーチは、わかりやすい言葉で、具体的なたとえを出すことで、聞く人がイメージしやすいように工夫されているよ。こういう話し方は、ふだんからマザー・テレサが、学校にいけなかった人にもわかるように話していたからだと、ぼくは感じる。スピーチに出てくる4歳のヒンドゥー教徒の少年のことを「とても小さな子」ではなくて、「わたしの名前もうまく発音できない少年」といったり、「数日後」ではなく「3日後」と具体的に話をしたりするのは、その例だね。

　ぼくは、この本で、リンカーン、キング牧師など、刷り込み効果（→p14）をつかった上手なスピーチについて話したけれど、マザー・テレサのようなスピーチも、ドラマを聞いているようですばらしいね。次に何をいうんだろう、どんな展開になるのだろうと、聞いている人が、どんどんイメージをふくらませていけるんだ。

現在の北マケドニア生まれのマザー・テレサの母語は、アルバニア語。でも、このスピーチは流暢な英語でおこなわれました。

カトリックの修道女はふつう、修道院でくらさなくてはいけないよ。でもインドの貧しい人たちの生活を目の当たりにしたマザー・テレサは、修道院を出てインドのスラム街（貧しい人たちの居住区）で活動することを決意し、1950年にはインドに国籍をうつして、インドでの活動に身をささげたよ。

It is so beautiful for us to become holy to this love, for holiness is not a luxury of the few, it is a simple duty for each one of us, and through this love we can become holy. To this love for one another and today when I have received this reward, I personally am most unworthy, and I having avowed poverty to be able to understand the poor, I choose the poverty of our people. But I am grateful and I am very happy to receive it in the name of the hungry, of the naked, of the homeless, of the crippled, of the blind, of the leprous, of all those people who feel unwanted, unloved, uncared, thrown away of the society, people who have become a burden to the society, and are ashamed by everybody.

In their name I accept the award. And I am sure this award is going to bring an understanding love between the rich and the poor. (…)

インド・コルカタにある、「神の愛の宣教者会」。貧しい人びとを救うことを目的としたこの施設は、世界130か国以上に広がっている。

インド・コルカタの子どもたち。

We have brought so much joy in the homes that there was not a child, and so today, I ask His Majesties here before you all who come from different countries, let us all pray that we have the courage to stand by the unborn child, and give the child an opportunity to love and to be loved, and I think with God's grace we will be able to bring peace in the world. We have an opportunity here in Norway, you are with God's blessing, you are well to do. But I am sure in the families and many of our homes, maybe we are not hungry for a piece of bread, but maybe there is somebody there in the family who is unwanted, unloved, uncared, forgotten, there isn't love. Love begins at home. And love to be true has to hurt.

I never forget a little child who taught me a very beautiful lesson. They heard in Calcutta*, the children, that Mother Teresa had no sugar for her children, and this little one, Hindu boy four years old, he went home and he told his parents: I will not eat sugar for three days, I will give my sugar to Mother Teresa. How much a little child can give. After three days they brought into our house, and there was this little one who could scarcely pronounce my name, he loved with great love, he loved until it hurt. And this is what I bring before you, to love one another until it hurts, but don't forget that there are many children, many children, many men and women who haven't got what you have. And remember to love them until it hurts.

＊インドの大都市。2001年にKolkata（コルカタ）に名称変更。

これだけは
暗記しよう！

パックンの1フレーズレッスン

ラヴ ワン アナザ アンティル イト ハーツ
Love one another until it hurts.
いた
痛いと思うほどおたがいを愛しあってください。

one another は3人以上の場合に「おたがいに」という意味でつかうよ。同じ意味の英語に each other がある。これはふたりの場合につかうのがふつうだよ。Pakkun and Makkun love each other.「パックンとマックンはおたがいが大好き」みたいにね（笑）。

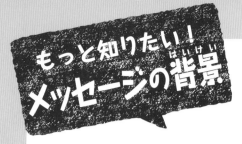

マザー・テレサは、ノーベル平和賞の賞金をすべて、飢えに苦しむ人びとの食料や、身寄りのない人たちのための施設建設資金にあてました。彼女のノーベル賞受賞までの背景を見てみましょう。

マザー・テレサの半生

マザー・テレサは、1928年に修道会入りし、まもなくしてインドのコルカタへわたって修道院の教員として働きはじめます。

インドには昔からカースト制度による身分差別があって、低いカーストに生まれた人ほど、貧困に苦しんでいました。しかも、ろくに教育も受けられず、仕事もかぎられ、一生貧困から抜けだせない。こうした貧困の悪循環がインド中で見られます。そうした貧富の差や飢えに苦しむ人を目の当たりにしていたマザー・テレサは、慈善活動をはじめます。死を間近にした人を介護するホスピス「死を待つ人びとの家」や「孤児の家」といった、貧しい人びとのための慈善施設もつくりました。

そうした彼女の姿をマスコミが報道するようになると、世界中から支援のお金が集まりはじめました。すると彼女は、そのお金をつかって、活動範囲を、インドからアフリカ、中東、南アメリカなどへと広げていったのです。

なお、マザー・テレサは敬けんなカトリックでした。そのことは、このメッセージの冒頭（省略部分）でささげた神への祈りからもわかります。しかし、彼女の活動は、カトリックにかぎりませんでした。宗派を問わず、貧しい人びとのために献身的な活動をしたのです。

マザー・テレサは1997年にコルカタで亡くなると、インド政府は国葬で彼女を見送りました。大統領でも首相でもない人の国葬は、異例のことです。

マザー・テレサにあたえられた賞

マザー・テレサはノーベル平和賞のほかにも多くの賞を受賞しています。

●1980年、インド政府が、国内最高の栄誉とされる「Bharat Ratna（インドの宝）」とよばれる称号を授与。

●1983年、イギリス女王エリザベス2世が「Order of Merit（メリット勲章）」という称号を授与。

●1985年、アメリカ政府が国内最高の名誉である「Medal of Freedom（大統領自由勲章）」という称号を授与。

このように、彼女は世界中で高い評価を受けましたが、つねに貧しい人びとのことを考えていました。

1985年、アメリカのレーガン大統領から大統領自由勲章を授与されるマザー・テレサ。

カースト制度：インド特有の身分制度。結婚、職業、食事などに細かく規制がもうけられていた。インドの憲法は1950年にカーストによる差別を禁止したが、いまだに根強く残っている。ホスピス：死が間近の人やその家族の身体的・精神的苦痛をやわらげる施設。カトリック：キリスト教の宗派の1つ。カトリック教会、またはその信徒のこと。

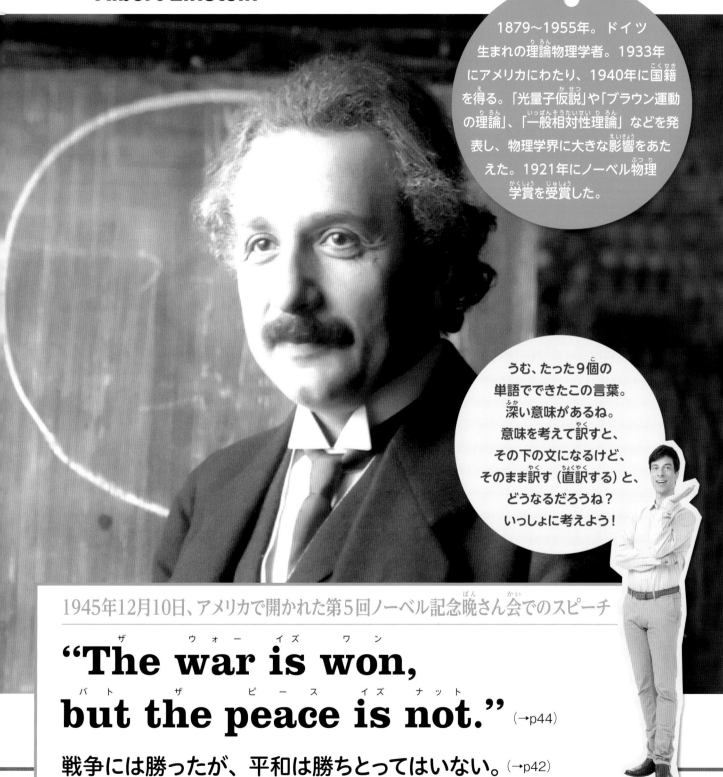

物理学者として平和の促進と達成を願った

アルベルト・アインシュタイン

Albert Einstein

1879〜1955年。ドイツ生まれの理論物理学者。1933年にアメリカにわたり、1940年に国籍を得る。「光量子仮説」や「ブラウン運動の理論」、「一般相対性理論」などを発表し、物理学界に大きな影響をあたえた。1921年にノーベル物理学賞を受賞した。

うむ、たった9個の単語でできたこの言葉。深い意味があるね。意味を考えて訳すと、その下の文になるけど、そのまま訳す（直訳する）と、どうなるだろうね？いっしょに考えよう！

1945年12月10日、アメリカで開かれた第5回ノーベル記念晩さん会でのスピーチ

"The war is won, but the peace is not." （→p44）

戦争には勝ったが、平和は勝ちとってはいない。（→p42）

**12月10日は、アルフレッド・ノーベルの命日です。
1921年にノーベル賞を受賞したアインシュタインは、
戦争が終わった1945年、自身が主催するノーベル
記念晩さん会で、このスピーチをしました。**

ノーベルは、
自分のつくったダイナマイトが
戦争につかわれたことに
心をいためて、ノーベル賞を
創設した。アインシュタインは、
どんな気持ちでこのスピーチを
したんだろうね。

物理学者というのは、いつの間にか、アルフレッド・ノーベル本人と同じような境遇に置かれているものです。アルフレッド・ノーベルは、前代未聞の強力な爆発物、ずばぬけて優秀な破壊手段を発明しました。そのことをつぐなうため、人としての良心の呵責をやわらげるため、彼は平和の促進と達成を目的とする賞を設立したのです。今日、史上もっともおそろしく、もっとも危険な兵器の製造に参加した物理学者たちも、罪悪感とはいわないまでも、同様の責任感にさいなまれています。

わたしたちは、くりかえし警鐘を鳴らしつづけなくてはなりません。たがいに対する態度や、未来を形成する任務に対する態度をあらためなければ、かならず言語に絶するような大惨事を引き起こすことになるのだと。世界各国、とくに政府に対してそう知らしめるための努力をおこたることはできませんし、おこたるべきではありません。

わたしたちがこの新兵器製造に貢献したのは、人類の敵に先をこされることがないようにするためでした。ナチス[*1]が先に達成していたら、彼らの精神構造を考えると、はかりしれない破壊が引き起こされ、我われ世界中の人びとは奴隷となったことでしょう。

わたしたちがこの兵器を、全人類の受託者、平和と自由の戦士となるアメリカとイギリスの国民のもとに送りとどけました。しかし、今のところ平和の保障は何もありません。大西洋憲章[*2]が各国に約束したはずの自由は、保障されていません。戦争には勝ったが、平和は勝ちとってはいない（戦争は勝利される、だが、平和は勝利されない）のです。

「勝利される」は
「勝利する」を受け身に
したいい方。直訳すると
「戦争（war）は勝利される、
だが、平和（peace）は
勝利されない」
となる。

*1 「ナチス」とは、ドイツの政党で、「国家社会主義ドイツ労働者党」の略称。アドルフ・ヒトラーを党首とし、1933年に政権を得ると、反民主・反共産・反ユダヤ主義のもと、独裁政治をおこなった。1945年、敗戦とともに崩壊。

*2 「大西洋憲章」とは、1941年8月にアメリカとイギリス両政府が発した共同宣言。第二次世界大戦後の世界秩序についての構想を示したもの。

戦争で団結した列強は、今や平和条約で対立しています。世界は恐怖からの解放を約束されたはずなのに、実際は戦争が終結してから途方もなく恐怖感が高まっています。世界は貧困からの解放を約束されたはずなのに、一部の地域のみ豊かにくらしているなかで、世界の大部分は飢餓に直面しています。国ぐには解放と正義を約束されました。しかしわたしたちは過去にも現在にも、独立と社会的平等を求める人びとに「解放」軍が発砲する一方で、それぞれの国で既得権益を保持する人物や組織を力と武器で支援するという悲しい光景を目の当たりにしています。(中略)

わたしたちの戦後世界の状況は明るくありません。わたしたち物理学者は政治家ではなく、政治に干渉することを望んだことはありません。しかし、政治家が知らないことをいくつか、わたしたちは知っています。楽な脱出先はないと、小幅に進み、必要な変更を無期限におくらせる余地はないと、けちな交渉のための時間は残っていないと、声をあげて責任者に思い出させる義務をわたしたちは感じています。この状況は、わたしたちの態度と政治的理念全体に、極端な変化と勇敢な努力を要求しています。どうか、偉大な制度をつくったアルフレッド・ノーベルの精神、信頼と自信、寛大さと人間同士の兄弟愛の精神が、わたしたちの運命をにぎる人たちの心にやどりますように。さもなければ、人類の文明は崩壊するでしょう。

※赤字の部分が41ページのキーセンテンス（カギになる文）の日本語訳です。

ダイナマイトを開発したアルフレッド・ノーベル。

パックンの一言
演説のテクニックが学べる？

　お笑いと演説は、共通点があるって知ってる？どちらも人に聞いてもらわないといけないから、わかりやすく、あきさせないようにする工夫が必要だよね。アインシュタインの演説にも、その工夫が見られるよ。その１つは、だれでも知っているアルフレッド・ノーベルの名前を出していること。有名な

人や有名なできごとを具体的に話すことで、みんなをわかる気にさせるんだね。しかも、ノーベルの名前を演説の最初と最後につかっている。人物やできごとで話をはさみこむ手法だよ。これは、上と下を同じパンではさむサンドイッチにかけて、「ノーベルサンドイッチ」といえるね！

この本では、
英語ってこういうものだと
なれてもらうために、
この黄色の
ページをもうけたよ。
日本語とくらべながら、
意味を確認(かくにん)してね。

Physicists find themselves in a position not unlike that of Alfred Nobel. Alfred Nobel invented the most powerful explosive ever known up to his time, a means of destruction par excellence. In order to atone for this, in order to relieve his human conscience, he instituted his awards for the promotion of peace and for achievements of peace. Today, the physicists who participated in forging the most formidable and dangerous weapon of all time are harassed by an equal feeling of responsibility, not to say guilt. And we cannot desist from warning, and warning again, we cannot and should not slacken in our efforts to make the nations of the world, and especially their governments, aware of the unspeakable disaster they are certain to provoke unless they change their attitude toward each other and toward the task of shaping the future.

We helped in creating this new weapon in order to prevent the enemies of mankind from achieving it ahead of us, which, given the mentality of the Nazis, would have meant inconceivable destruction and the enslavement of the rest of the world. We delivered this weapon into the hands of the American and the British people as trustees of the whole of mankind, as fighters for peace and liberty. But so far we fail to see any guarantee of peace, we do not see any guarantee of the freedoms that were promised to the nations in the Atlantic Charter. The war is won, but the peace is not.

長崎(ながさき)に投下された原子爆弾(ばくだん)のキノコ雲。

The great powers, united in fighting, are now divided over the peace settlements. The world was promised freedom from fear, but in fact fear has increased tremendously since the termination of the war. The world was promised freedom from want, but large parts of the world are faced with starvation while others are living in abundance. The nations were promised liberation and justice. But we have witnessed, and are witnessing even now, the sad spectacle of "liberating" armies firing into populations who want their independence and social equality, and supporting in those countries, by force of arms, such parties and personalities as appear to be most suited to serve vested interests. (...)

The picture of our postwar world is not bright. As far as we, the physicists, are concerned, we are no politicians and it has never been our wish to meddle in politics. But we know a few things that the politicians do not know. And we feel the duty to speak up and to remind those responsible that there is no escape into easy comforts, there is no distance ahead for proceeding little by little and delaying the necessary changes into an indefinite future, there is no time left for petty bargaining. The situation calls for a courageous effort, for a radical change in our whole attitude, in the entire political concept. May the spirit that prompted Alfred Nobel to create his great institution, the spirit of trust and confidence, of generosity and brotherhood among men, prevail in the minds of those upon whose decisions our destiny rests. Otherwise human civilization will be doomed.

これだけは
暗記しよう！

パックンの１フレーズレッスン

フィ ズィ スィ スツ　ファインド　ゼ ム セ ル ヴ ズ　イ ン ア　ポ ズィ ション
Physicists find themselves in a position ~ .
物理学者というものは、いつの間にか～という境遇に置かれている。

find ～self ～ は「いつの間にか（知らないうちに）～している」と訳すよ（themselves は themself が形を変えたもの）。I find myself eating a lot. なら「いつの間にかたくさん食べちゃう」だね。

もっと知りたい！ メッセージの背景

「20世紀最大の物理学者」といわれたアインシュタインは、どんな人生を送っていたのでしょうか。ここでかんたんにまとめてみましょう。

アインシュタインの略歴

ドイツのウルムに生まれたユダヤ系ドイツ人のアインシュタインは、26歳だった1905年に「光量子仮説」「ブラウン運動の理論」、「特殊相対性理論」などの論文を次つぎに発表。のちに、それらがどれも物理学に多大な影響をあたえたことから、この1905年は「奇跡の年」とよばれました。

スイス、チェコなどの大学教授などを歴任したのち、特殊相対性理論を発展させ、重力に関する「一般相対性理論」を1915年から1916年にかけて発表しました。これらの功績により1921年、42歳でノーベル物理学賞を受賞しました。

おりしも彼がアメリカを訪問中に、ドイツで反ユダヤ思想のナチスが政権を獲得。ユダヤ人の迫害がはじまりました。ユダヤ人迫害は急速に激しくなったため、アインシュタインは1933年、アメリカに亡命。プリンストン高等研究所の教授となり、1940年にはアメリカ国籍を取得しました。

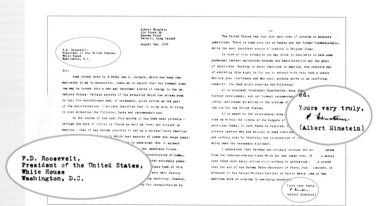

原爆製造のきっかけの1つとなったアインシュタインが署名したアメリカのルーズベルト大統領（当時）への手紙。

なぜ原子爆弾の開発を求めた？

1939年、ドイツの科学者が、ウランによる核連鎖反応で膨大なエネルギーを生み出せると発表しました。もし、この発見を利用してこナチス・ドイツが強力な爆弾（原子爆弾）を開発したらとんでもないことになると心配したアメリカの科学者レオ・シラードは、アインシュタインにことの次第を説明。そして説得。アインシュタインは、当時のアメリカの大統領フランクリン・ルーズベルトに手紙を送り、アメリカがドイツより先に、核開発をおこなうことを求めました。

ところが、当初、けん制が目的とされた原子爆弾は、実際に広島市と長崎市に投下され、アインシュタインは、これに非常に大きな衝撃を受けました。

晩年のアインシュタイン

原子爆弾の破壊力と凄惨さを実感したアインシュタインは、かつてその開発に関係したことを後悔するとともに、すべての国家をまとめる「世界政府」が必要だと考えるようになりました。1955年には、哲学者のバートランド・ラッセルとともに核兵器の廃絶や科学技術の平和利用を世界に訴える「ラッセル＝アインシュタイン宣言」に署名（11名が署名）するなど、核兵器使用に反対しつづけ、1955年4月18日に死去しました（宣言が発表されたのはその3か月後の7月）。

光量子仮説：光は粒でできているとする仮説。ブラウン運動の理論：気体や液体中の微粒子が不規則に運動するのは，周囲の分子が微粒子に衝突した結果であるという理論。特殊相対性理論：現代物理学の根本的な原理の1つ。時間・空間の性質に関する理論。

さくいん

■著・監修／パトリック・ハーラン（パックン）

1970年生まれ。アメリカ合衆国コロラド州出身。1993年、ハーバード大学卒業後来日。福井県で英会話講師をつとめ、1996年に役者を目ざして上京。1997年に吉田眞（よしだまこと）とお笑いコンビ「パックンマックン」を結成。「爆笑オンエアバトル」（NHK）や「ジャスト」（TBS）などで人気を博す。現在は「Newsモーニングサテライト」（テレビ東京）や「勝利の条件 スポーツイノベーション」（NHK BS1）などで司会やコメンテーターとして活躍。2012年から東京工業大学で非常勤講師をつとめる。著書に『ツカむ！話術』『大統領の演説』（角川新書）ほか多数。

■編／稲葉茂勝

1953年東京都生まれ。大阪外国語大学・東京外国語大学卒。これまでに編集者として1300冊以上の作品を手がけてきた。自著も80冊以上。近年は、子どもジャーナリスト（Journalist for Children）として著作活動を続けている。

■編さん／こどもくらぶ（中嶋舞子、二宮祐子、石原尚子、根本知世）

あそび・教育・福祉の分野で、子どもに関する書籍を企画・編集している。図書館用書籍として、毎年5～10シリーズを企画・編集・DTP制作している。これまでの作品は1000タイトルを超す。

■原文の出典

p6：Global Newsの公式YouTubeチャンネル "George Floyd death: George's brother Terrence Floyd says more violence won't 'bring my brother back'"（一部省略）／p7：ABC Newsの公式YouTubeチャンネル "Rev. Al Sharpton delivers eulogy at George Floyd's memorial"（一部省略）／p13：National Park Service "Gettysburg Address"／p20～21：Reprinted by arrangement with The Heirs to the Estate of Martin Luther King Jr., c/o Writers House as agent for the proprietor New York, NY. ©1963 by Dr. Martin Luther King, Jr. Renewed ©1991 by Coretta Scott King.（一部省略）／p26～27：Nelson Mandela Foundation "I am prepared to die"（一部省略）／p32：©Navajivan Trust（一部省略）／p38～39：The Nobel Prize "Mother Teresa Acceptance Speech" ©The Nobel Foundation 1979（一部省略）／p44～45：©The Hebrew University of Jerusalem With permission of the Albert Einstein Archives（一部省略）

■デザイン／長江知子

■DTP／高橋博美

■制作／株式会社今人舎

■撮影／福島章公

■校正／鷗来堂

■写真協力

表紙：ZUMAPRESS/アフロ、UPI/アフロ
©Harvey Barrison、©Carlos Delgado、©Gage Skidmore、©Thomas Sly、©Paul Weinberg、©Bernard Gagnon、©PHParsons、©Djembayz、©Reserve Bank of India / Agastya Chandrakant、©Hiroki Ogawa、©CALLEJERO ERRANTE

・英語のカタカナ表記については、基本的に『ニュースクール英和辞典第2版』（研究社）にしたがっています。
・この本の情報は、2020年9月までに調べたものです。今後変更になる可能性がありますので、ご了承ください。

英語と日本語で読んでみよう 世界に勇気と希望をくれたメッセージ　②平和・人権に関して　　NDC154

2020年11月30日　第1刷発行

著・監修　パトリック・ハーラン
編　　　　稲葉茂勝
発行者　　岩崎弘明
発行所　　株式会社 岩崎書店　　〒112-0005　東京都文京区水道1-9-2
　　　　　　　　　　　　　　　　電話　03-3813-5526（編集）　03-3812-9131（営業）
　　　　　　　　　　　　　　　　振替　00170-5-96822
印刷所　　三美印刷株式会社
製本所　　株式会社 若林製本工場

©2020 Kodomo Kurabu
Published by IWASAKI Publishing Co., Ltd. Printed in Japan.
ISBN978-4-265-08852-2
岩崎書店ホームページ　http://www.iwasakishoten.co.jp
ご意見、ご感想をお寄せ下さい。E-mail info@iwasakishoten.co.jp
落丁本、乱丁本は小社負担でおとりかえいたします。

48p 29×22cm

著・監修／
パトリック・ハーラン（パックン）

英語と日本語で
読んでみよう

世界に勇気と希望をくれたメッセージ

全**4**巻

❶コロナ禍のなかで

❷平和・人権に関して

❸環境の問題

❹文化・スポーツ界で

編／稲葉茂勝